Christine Zink

Ich schicke Dir eine Botschaft

Kurzgeschichten für Große und Kleine

... zum Vorlesen
... zum Nachdenken
... zum therapeutischen Nutzen

tao.de

Autorin: Christine Zink
Gestaltung des Einbandes: Hans-Jürgen Mandel, Graphik & Layout
Umschlagfoto: Thaut Images
Satz: Hans-Jürgen Mandel, Graphik & Layout
Printed in Germany
Verlag: tao.de in J. Kamphausen Mediengruppe GmbH, Bielefeld, www.tao.de,
eMail: info@tao.de

Bibliografische Information der Deutschen Nationalbibliothek: Die Deutsche Nationalbibliothek verzeichnet diese Publikation in der Deutschen Nationalbibliografie; detaillierte bibliografische Daten sind im Internet über http://dnb.d-nb.de abrufbar.

ISBN: 978-3-95802-528-8

Inhaltsverzeichnis

Ich möchte an dieser Stelle allen DANKE sagen, die mich zur Werdung dieses Buches ermutigt und mich dabei unterstüzt haben.

Ob es ein Jugendlicher, Christoph Breitling und seine Oma, Klara Schmidt, waren, die mir meine handgeschriebenen Texte digitalisiert haben – oder mein Hypnose-Lehrer, Peter Köhne, der mich auf verschiedenen Ebenen ganz enorm ermutigt hat.

Auch meiner Freundin Ilona Netzel möchte ich von Herzen danken, da ich sie jederzeit um Rat und Meinung fragen konnte.

Auch allen anderen Menschen, denen ich bisher begegnen durfte und die meine Geschichten angesprochen haben, bin ich sehr dankbar, daß sie mit dazu beigetragen haben diese in die Öffentlichkeit zu bringen.

So auch Herr Wolfgang Maiworm, Verleger der „Lebens|t|räume", Herr Hans-Jürgen Mandel, der mir das Layout erstellte und natürlich letztendlich der TAO-Verlag.

All diesen Menschen möchte ich von Herzen sagen: „DANKESCHÖN".

Der Hamster im Rad

ALLES ist im Wandel!
So wie im Großen – so auch im Kleinen

Ich bin ein kleiner Hamster, habe ein nettes Zuhause bei einer lieben Familie mit drei Kindern. Sie haben mich alle sehr lieb und ich sie auch.

In meinem Häuschen steht ein kleines Rad, das nur für mich da ist. In ihm zu laufen und zu drehen macht sehr viel Spaß. Manchmal vollbringe ich auch noch kleine Kunststücke. Ich tue dies mit Begeisterung und Freude.

Wenn die Kinder mich besuchen, möchten sie gerne, dass ich an meinem Rad drehe, und ich tue es, weil sie sich dann so sehr freuen – und mir macht es ja auch Spaß.

Doch die Kinder kamen immer öfter und wollten, dass ich am Rad drehe. Ich tat es, aber es strengte mich sehr an. Danach war ich immer total müde.

So ging dies viele Tage und Wochen, irgendwann konnte ich einfach nicht mehr – ich lag total erschöpft in meinem Häuschen und wollte nur noch meine Ruhe haben.

Als die Kinder mich so sahen, dachten sie ich sei tot. Sie waren ganz aufgeregt und riefen die Mutter herbei. Sie brachten mich zum Tierarzt. Er untersuchte mich und erklärte den Kindern, dass ich ein schwaches Herz habe und erschöpft sei. Ich bräuchte ganz viel Ruhe und liebevolle Pflege. Dann würde es mir sicherlich bald wieder besser gehen.

Seit diesem Tag nahmen die Kinder auf mich Rücksicht, wenn ich müde war und schlafen wollte. Sie verwöhnten mich sehr, und das tat meinem Herzen und meiner Seele sehr gut. Ich erholte mich recht bald – ich wurde wieder aktiv und drehte am Rad, und ich gönnte mir aber auch gleichzeitig die nötige Ruhe. Die Kinder hatten größtes Verständnis für mich, umhegten und pflegten mich. Sie taten alles für mich, denn sie liebten mich ja so sehr...

Ich konnte nun endlich mein Leben leben, so wie es für mich gut war. Ich kümmerte mich nun auch mehr um mich, pflegte und putzte mich und machte mich fein. Das alles gab mir ein tolles Lebensgefühl – Glück, Zufriedenheit und Dankbarkeit und mit Liebe erfüllt.

Mein Leben hatte eine Wende genommen.

Und so lebe ich noch heute in meinem kleinen Häuschen mit dem Rad.

Ich kann euch nur sagen: gebt auf euch acht – denn ihr wisst ja: ALLES ist im Wandel!

So wie im Großen – so auch im Kleinen.

Ende gleich Neubeginn

… das Leben ist es wert auch nach Enttäuschungen und Schickalsschlägen neuen Mut zu fassen…

Schon lange beobachtete man die gefährliche Lage unserer Umwelt und unseres Daseins. Die meiste Zeit mussten die Menschen schon Schutzmasken tragen, wenn sie die Häuser verließen. Vor den schädlichen Strahlen und vor der Sonne konnte man sich kaum noch schützen. Es war eine schlimme Situation, und sie wurde immer bedrohlicher. Dann kam der Tag, an dem die Menschen nur noch daran dachten, wie sie überleben konnten. Überlegungen hin und her. Vieles war nicht umsetzbar, da die Technik noch nicht ausgereift war. Doch dann wurde eine Idee verwirklicht.

Städte und Landstriche wurden überglast, um die Menschen vor den Giften und schädlichen Strahlen der Atmosphäre zu schützen. Wissenschaftler, Physiker, erfahrene Personen aller Berufszweige waren am Werk, mit Rat und Tat, Tag und Nacht wurde gearbeitet.

Die, die nicht unter der verglasten Erde leben wollten, nahmen die Alternative wahr und wanderten zu einem anderen Planeten aus. Sie verließen die Erde. In der „neuen Welt unter Glas" gab es z. B. keine Autos mehr. Es wurde eine Technik entwickelt, in der genügend Sauerstoff und Wasser für den Mensch erzeugt wurde. Auch für das Gedeihen und den Anbau von Pflanzen war gesorgt. Fast alles wurde elektronisch gesteuert und überwacht.

Als das Glaswerk vollendet war, und man endlich gänzlich vor allem Negativen geschützt war, brach ein neues Zeitalter an. Es dauerte lange, bis die Menschen sich dieser Situation angepasst hatten. Aber die gut durchdachte Sache funktionierte. Vielen Menschen ging es jetzt sogar gesundheitlich besser als zuvor. Aber trotz alledem fühlten sie sich irgendwie eingesperrt. Sie spürten, dass da etwas um sie herum war, was sie vom eigentlichen Leben abhielt. Die Ausflüge in ein anderes Land, ans Meer, Sonnenbaden, das Spüren von Wind, Regen, die wärmende Sonne...

Den neugeborenen und heranwachsenden Kindern ging es gut. Ihnen fehlte es an nichts. Sie kannten das Vergangene nur von Erzählungen der Eltern und Verwandten. So vergingen viele Jahre, die Menschen fanden sich ab mit ihrem Schicksal.

Eines Tages gab der Nachrichtendienst eine Meldung durch – ein schweres Unwetter in der Atmosphäre wurde angekündigt. Es war so schlimm, dass es an einigen Stellen im Glasdach Schäden hinterließ. Man hatte Angst vor dem Eindringen schädlicher oder gar tödlicher Strahlen.

Doch es gab ein paar mutige Forscher, die sich trauten, aus jenen zerstörten Stellen des Glasdaches hinauszutreten in die „alte" Atmosphäre, um zu sehen, wie es mit ihr stand und was in all den Jahren geschehen war. Die Messungen konnten nur Positives verzeichnen. Siehe da – die Erde hatte sich erholt. Die Pflanzen und Bäume leuchteten grün, der Himmel war blau, und die Sonne strahlte. Was war geschehen? Ein Wunder? Neues Leben war entstanden.

Diese Nachricht verbreitete sich wie ein Lauffeuer, helle Aufregung entstand. Einige trauten der Sache nicht so ganz, andere waren nicht aufzuhalten vor Freude. Alle wollten die neue blühende Natur sehen. Man spürte den Duft und die Farben so intensiv wie nie zuvor. Herrlich, unbeschreiblich, wenn man dies so lange nicht mehr gesehen und entbehrt hat. Es war schon fast in Vergessenheit geraten, wie bezaubernd die Natur doch ist.

Alle waren unheimlich glücklich. Lachen, Erleichterung, Tränen der Freude – aber auch Pläne vom Häuschen im neuen Grün wurden geäußert. In diesem durcheinander verdunkelte sich plötzlich der Himmel für eine kurze Zeit. Alle schauten erschrocken zu ihm empor. Plötzlich war es totenstill. Ein nicht sichtbares Wesen sagte: „Bevor ich euch diese verantwortungsvolle Aufgabe neu übertrage, versprecht, dass ihr es diesmal besser machen werdet. Lernt aus euren Fehlern! Das Leben muss es euch wert sein".

Jeder nahm diese Botschaft wahr und gleichermaßen ernst. Sie versprachen gemeinsam alles zu tun, damit solch eine Katastrophe nie wieder passieren wird. Und sie meinten es ehrlich. Dies spürte das unsichtbare Wesen und gab daraufhin der Menschheit eine neue Chance.

Das Leben ist es einfach Wert, nach Niederlagen, Enttäuschungen und Krisen wieder von vorn anzufangen.

Der Frosch und der Adler

… den Mut haben, Lebenssituationen zu verändern…

Es war einmal ein Frosch. Er saß wie so oft auf seinem Stein in der Mitte eines Teiches. Der Frosch kann sich heute noch sehr gut an jenen Tag erinnern. Es war an einem heißen Sommertag. Um den Frosch herum tanzten und hüpften viele Insekten. Es war ein reges Leben in diesem Teich. Nur der Frosch saß wie erstarrt auf seinem Stein und grübelte so vor sich hin. Ab und zu sprang er mal ins Wasser, um sich abzukühlen. Dann saß er wieder auf seinem Stein und quakte ab und zu einmal.

Seine Artgenossen quakten fast ununterbrochen und ehrlich gesagt ging dem Frosch dieses Gequake tierisch auf den Geist. Er konnte es nicht mehr hören. Jeden Tag das gleiche. Er fühlte sich alt und müde und war in seinem tiefsten Innern sehr traurig, dass er seine Träume nicht verwirklichen konnte. Und er hatte viele Träume. Der Frosch war intelligent und hatte ein großes Wissen und Lebenserfahrung.

Er wollte so gerne noch etwas anderes kennenlernen – raus aus diesem Teich. Doch er wusste nicht wie. Und so saß er jeden Tag auf seinem Stein, überlegte und wartete...

An diesem Tag kam ein sehr großer Vogel aus der Ferne angeflogen. Er steuerte auf den Teich zu und landete direkt neben dem Frosch. Dieser erstarrte vor Schreck. Es war ein Adler. Er schaute den Frosch an und fragte: „Hast du Angst vor mir?“ Der Frosch antwortete: „Ja, bitte tu mir nichts!“ Der Adler sagte: „Keine Sorge, ich mag keine Frösche, die schmecken mir nicht! Und solche traurigen Frösche wie du schon gar nicht.“

Da fing der Frosch an zu weinen. Der Adler fragte: „Was ist los?“ So erzählte der Frosch seine Geschichte. Dann sagte der Adler: „Mmh, und nun sitzt du hier und wartest, dass eine Prinzessin kommt und dich wachküsst?! Da kannst du lange warten. Das gibt es nur im Märchen!“ Der Adler war groß, mächtig und frei. Er hatte einen geübten Blick für alles und wen er mal in seine Klauen bekam, der hatte keine Chance mehr zu entrinnen. Der Adler machte dem Frosch Mut und sagte: „Du hast doch so viele Fähigkeiten, nutze sie, mache etwas daraus, lass dich auf etwas Neues ein. Und du wirst sehen, dann geschehen wunderbare Dinge. Habe den Mut dazu, deine Situation zu verändern.”

Der Frosch war sehr nachdenklich geworden und sagte: „Ja, aber ich weiß nicht wie ich das tun soll, ich sitze doch hier in meinem kleinen Teich fest. Ich weiß nicht...“

Der Adler schaute den Frosch an und fragte ihn eindringlich:“ Willst du wirklich dein Glück finden?“ Der Frosch zuckte mit den Schultern. Der Adler fragte noch einmal: „Willst du das?“ Der Frosch schaute den Adler an und sagte dann mutig: „Ja, doch, ich will alles dafür tun.“

Der Adler überlegte einen Moment. Er besaß ein großes Herz, und er wollte dem Frosch helfen. Er sagte zu dem Frosch: „Ich werde dich von hier wegbringen." So nahm er den Frosch vorsichtig in seine Klauen und schwang sich mit einer Leichtigkeit in die Lüfte.

Der Frosch wusste gar nicht wie ihm geschah. Doch dann genoss er den Flug über die schönen Landschaften und war sehr gespannt darauf, wohin ihn der Adler wohl bringen würde.

Nach ein paar Stunden Flug landeten die beiden an einem großen See mitten in einer wunderschönen Landschaft. Der Frosch war überwältigt von der Schönheit dieses Sees. Der Adler sagte zu dem Frosch: „Nun wünsche ich dir viel Glück. Ich werde bald mal wieder vorbeischauen," und flog davon. Der Frosch erkundete nach und nach den See und lernte dabei all seine Artgenossen und all die anderen Seebewohner kennen. Er wurde herzlich aufgenommen. Alle hörten ihm gerne zu, da er so interessant war und so vieles zu erzählen hatte. Dies tat dem Frosch sehr gut – er spürte wieder Lebensfreude und Kraft.

Er wurde zum Froschkönig des Sees ernannt. Darauf war er sehr stolz.

Es kam zwar keine Prinzessin zu ihm, um ihn zu küssen, er wartete auch nicht mehr darauf. Aber er hatte viele Verehrerinnen, die ihn begehrten und küssten...

Der Adler hatte den Frosch aus seiner Starre wach gerüttelt.

Ab und zu kreiste der Adler über dem See und schaute auf den Frosch herab. Er freute sich, dass dieser wieder so lebensfroh war und sein Lebensglück gefunden hatte.

Die Stadt ohne Zeit

… als die Zeit sich erlaubte einfach stehen zu bleiben…

Es war einmal eine sehr reizvolle Stadt, umgeben von einer wunderschönen Landschaft. Die Menschen lebten hier sehr gerne. Nur die Zeit wurde dort immer hektischer. Die Menschen hetzten nur noch durch die Gegend, von einem Termin zum anderen – zur Arbeit – nach Hause zur Familie...

Tag für Tag – Sie hatten für nichts mehr Zeit – nicht für sich selbst und auch nicht für andere. Man funktionierte....

Die Zeit schaute sich dies alles sehr sehr lange und geduldig an. Doch dann nahm sie sich vor einfach stehen zu bleiben. Und so tat sie es. Sie wollte sich nicht mehr in Stunden, Minuten und Sekunden einteilen lassen. Die Zeit sehnte sich nach Ruhe, und so suchte sie sich einen schönen Ort dafür. Sie ließ sich auf einer Wolke nieder, bettete sich weich in ihr und legte sich schlafen. Es gab keine einzige Uhr mehr, die die Zeit anzeigte.

Die Menschen waren völlig verwirrt und konnten sich dieses Phänomen nicht erklären. Sie versuchten alles, um die Uhren wieder zum Laufen zu bringen. Aber nichts half, sie blieben einfach stehen. Sodann überlegten die Menschen neue Uhren zu bauen – doch auch diese funktionierten nicht. Es war einfach nichts zu machen! Die Menschen waren völlig ratlos. Alles geriet durcheinander – der ganze Tagesablauf...!

Bald wusste keiner mehr welches Datum man schrieb. Die Geburt war ohne Zeit – der Tod ebenso…. Die Menschen mussten sich damit abfinden, dass die Zeit einfach nicht wiederkommen wollte. Die Tiere hatten damit überhaupt keine Probleme. Sie lebten weiterhin im Rhythmus der Natur. Die Vögel fingen an ihr Lied zu singen, wie immer, wenn die Sonne aufging.

Ab und zu schaute die Zeit mal auf die Stadt herab und schmunzelte dabei still in sich hinein…Dann machte sie beruhigt wieder die Augen zu und schlief weiter.

So stellten sich die Menschen nach und nach um, hörten mehr und mehr auf ihre innere Uhr und lebten wieder im Einklang mit der Natur. Und siehe da, es ging ihnen auch gesundheitlich wieder besser. Sie wurden nicht mehr so oft krank, sie waren zufriedener und gelassener und fühlten sich frei und glücklich. Dieses Erlebnis hatte die Menschen wieder wachgerüttelt…!

Nur die Zeit, die schlief weiter und weiter…

Der Paradiesvogel und der Pechvogel

... der Pechvogel, der durch eine positve Denkweise zum Paradiesvogel wurde...

Ich bin ein froher und bunter Vogel – mein Federkleid glänzt in allen Farben – oft neidvoll betrachtet von meinen Artgenossen. Ich falle halt durch mein farbenprächtiges Federkleid auf und hebe mich so von den anderen ab. Das macht vieles nicht gerade leicht in meinem Leben, aber ich bin frei und genieße diese Freiheit jeden Tag. Ich fliege von Ort zu Ort – wo es mir gefällt, da bleibe ich eine Weile. Am wohlsten fühle ich mich dort, wo es angenehm warm ist. Ich erlebe jeden Tag neue Dinge und habe immer wieder interessante Begegnungen. Das macht mein Leben so reich und bunt und fröhlich. Eines Tages flog ich über eine ganz besonders schöne Landschaft – bunte Wiesen voller leuchtender Blumen, ein besonders grüner Wald und mitten drin ein smaragdgrün schimmernder See, in dem sich die Sonne spiegelte. Es lag ein ganz besonderer Duft in der Luft, es roch nach Pinien, aber auch nach einem Hauch von Jasmin. Ich war so fasziniert, dass ich mich auf einem der großen Bäume niederließ. Ich genoss die Stille des Waldes und atmete mehrmals diesen herrlichen Duft ganz tief ein...

Dieser Wald hatte etwas Magisches für mich. Plötzlich fragte eine Stimme neben mir: „Wer bist du und warum bist du so bunt?“ Ich drehte mich um und sah einen Vogel auf einem Ast sitzen – ich hatte ihn gar nicht bemerkt. Ich antwortete: „Ich bin ein Paradiesvogel und wer bist du?" Er sagte: „Ich bin ein Pechvogel." Ich betrachtete ihn mir etwas näher. Er sah unscheinbar und traurig aus. Sein Federkleid war ganz stumpf. Ich fragte ihn, warum er denn so trostlos aussehe. Der Vogel klagte mir sein ganzes Leid. Immer hatte er Pech – dabei wünschte er sich doch so sehr Glück und Freude.

Immer wieder musste er Dinge tun, die er eigentlich gar nicht wollte – aber man verlangte es von ihm. Wir unterhielten uns noch eine ganze Weile, und ich gab ihm einen Rat: „Ändere deine Gedanken und deine Einstellung – denn die Gedanken, die wir aussenden, kommen gleichermaßen zu uns zurück." Ich fuhr fort: „Das Leben ist schön – du musst es nur zulassen. Du wirst sehen – wenn du meinen Rat befolgst, wird man dir das auch bald von außen ansehen. Dein Federkleid wird wieder leuchten!"

Der Pechvogel schaute etwas nachdenklich, aber er nahm meinen Rat an und wollte darüber nachdenken. Wir verabschiedeten uns und ich flog meines Weges weiter. So vergingen viele Wochen und Monate, bis ich wieder einmal an diesem magischen Wald vorbei kam.

Es flog schon sogleich ein Vogel auf mich zu und rief von weitem: „Hallo, vielen Dank für deinen Rat – du hattest Recht! Das Leben kann so schön sein...!"

Nun erkannte ich ihn, es war der Pechvogel. Ich hätte ihn fast nicht wiedererkannt, es schien ihm sichtlich gut zu gehen. Sein

Federkleid glänzte. Er erzählte mir mit Begeisterung, was er alles in den letzten Wochen an wundersamen Dingen erlebt hatte...

So begaben wir uns öfter gemeinsam auf die Reise, und der ehemalige Pechvogel, der nun auch zum Paradiesvogel wurde, ist mir noch heute dankbar für meinen Rat...

Der Glückskäfer und die Macht der Gedanken

… die Macht der Gedanken
oder eine andere Form der Größe…

Ich bin ein kleiner roter Käfer mit schwarzen Punkten auf meinen Flügeln – man nennt mich auch Marienkäfer. Egal wohin ich fliege – ich bin überall willkommen, denn ich bringe Glück. Ich bin ein sogenannter Glückskäfer. Deshalb freuen sich die meisten Menschen, wenn sie mich sehen. Hin und wieder kommt es aber vor, dass man mich verscheucht. Das stimmt mich dann immer etwas traurig, denn diese Menschen wissen meinen wahren Wert nicht zu schätzen. Ich ziehe mich dann auf meine schöne bunte Wiese am See zurück. All die bunten Blumen auf ihr freuen sich immer, wenn ich sie besuche und mich auf ihnen niederlasse.

Hier fühle ich mich besonders wohl. So tat ich dies auch an jenem Tag, als ich wieder mal etwas traurig war. Ich komme mir dann so klein und hilflos vor. Ich wünsche mir in diesen Momenten immer, dass ich groß und mächtig wäre, um mich besser durchsetzten zu können.

So legte ich mich an jenem Tag auf einen schönen weichen Grashalm und träumte so ein bisschen vor mich hin und wünschte mir mal wieder groß und mächtig zu sein...Plötzlich machte es einen Plumps, und ich wurde wach. Ich lag auf dem Boden.

Was war passiert? Ich fühlte mich so merkwürdig und unförmig. Ich schaute in den See und sah mich – ich erschrak – ich war plötzlich riesengroß!

Ich wollte nach Hause in meine kleine Höhle zurückfliegen, doch es ging nicht – ich war so groß und so schwer, dass meine Flügel es einfach nicht schafften, mich in die Lüfte zu bringen.

So musste ich den ganzen Weg zu Fuß zurücklegen.

Das war sehr anstrengend für mich. Als ich endlich ankam, schauten mich meine Familie und meine Freunde voller Schrecken an und fragten, was denn mit mir geschehen sei. Sie bedauerten mich und meinen Zustand sehr. Ich wollte nur noch in meine Höhle – doch der Eingang war nun viel zu klein für meine Größe. So musste ich auch noch im Freien schlafen. Die Nächte waren schon ganz schön kalt, und ich fror am ganzen Körper. Meine Familie war sehr lieb und deckte mich mit Blättern zu.

Ich war verzweifelt und sehr unglücklich. Ich wünschte mir nichts sehnlicher, als dass ich wieder so klein werden möge, so wie ich zuvor war. Mit diesen Gedanken schlief ich dann völlig erschöpft ein.

Am nächsten Morgen weckten mich die ersten warmen Sonnenstrahlen. Ich reckte und streckte mich, und ich merkte, dass mein Körper sich irgendwie leichter anfühlte.

Ja, siehe da, ich war wieder leicht und so klein, wie zuvor.

Meine Gedanken und mein Wunsch hatten sich mal wieder realisiert.

Ich war überaus glücklich und erleichtert! Einen Moment dachte ich, es sei alles nur ein böser Traum gewesen. Seit diesem Tag wurde mir bewusst, dass ich wohl mehr auf meine Gedanken achten muss...!

Seit dieser Zeit sagte ich immer zu mir selbst: „Ich bin gut, so wie ich bin, und ich mag mich, so wie ich bin."

Ich weiß, dass ich – der kleine Glückskäfer – eine andere Form von Größe besitze...

Ganz schön ver-rückt

Der Clown
Traum oder Wirklichkeit?

Heute ist Hans ein erwachsener Mann. Damals, so erinnerte er sich, als er noch ein kleiner Junge war, schenkten ihm seine Eltern ein Buch. Es begann mit dem Satz: „Hänschen klein ging allein in die weite Welt hinein…“ Genau das wollte der kleine Hans. Das war sein Traum.

Doch dies brauchte noch viel Geduld, bis der Traum Wirklichkeit wurde…Hans war schon als Kind anders als die anderen. Er hatte viele verschiedene und ungewöhnliche Begabungen. Er konnte auf den Händen laufen, mit den Ohren wackeln, auf dem Seil tanzen, weiße Mäuse herbeizaubern, lachen und weinen zugleich und alle Geräusche von Tieren und des alltäglichen Lebens imitieren. Alle lachten über ihn, viele nahmen ihn nicht ernst und die meisten Leute erklärten ihn für verrückt. Oft bekam er durch sein Verhalten Ärger und wurde sogar dafür bestraft. Als er einmal vor einer schwierigen Matheklausur die Sirenen für den Feueralarm nachmachte, rannten alle Schüler panisch aus dem Schulgebäude. Hans freute sich, dass die Klausur verschoben wurde. Doch als die Geschichte aufflog, hatte er mächtigen Ärger zu Hause und mit dem Lehrer.

So gingen die Jahre dahin und Hans musste sehen, wie er mit seinen einzigartigen Talenten umging. Meistens musste er diese verdrängen. Er zog sich mehr und mehr zurück, fühlte sich unverstanden und einsam und wurde langsam depressiv. Eines

Nachts hatte er einen Traum. In diesem Traum war er ein Clown, er reiste glücklich und zufrieden von Stadt zu Stadt. Als er wach wurde, wusste er sofort: „Das ist die Idee!"

Er entschloss sich noch am gleichen Tage ein Clown-Kostüm zu kaufen. Er fand ein besonders schönes Exemplar, es war kunterbunt. Hans fühlte sich darin sehr wohl. Nun schminkte er sich noch, zog seine weißen Handschuhe an und ging so auf die Straße.

Keiner erkannte ihn. In der Fußgängerzone vollführte er seine Kunststücke und gab sein Bestes. Die Menschen waren begeistert, sie lachten, waren fröhlich und vergaßen dabei all ihre Alltagssorgen. Endlich konnte Hans der sein, der er wirklich war, und er wurde nicht dafür bestraft! Im Gegenteil, sein Hut war am Abend gefüllt mit Geldscheinen.

So fuhr Hans von Stadt zu Stadt, und schon bald wurde er gefragt, ob er nicht auf Bühnen auftreten wolle. So wurde er immer beliebter und reiste von Land zu Land. So hatte er sich dies ja schon als kleiner Junge gewünscht – hinaus in die weite Welt...

Viele Leute sprachen ihn auf seine besonderen Begabungen an und wollten dies auch lernen. Sie versuchten es, schafften es aber nicht. Beruhigt dachte Hans: „Gott sei Dank, sonst wären ja bald alle verrückt!"

Hans ist heute sehr erfolgreich und berühmt und hat inzwischen seine eigene Bühne. So manches Mal, wenn er spät am Abend nach Hause kommt und sein Kostüm ablegt, schaut er in den Spiegel und denkt sich leise: „Was solch ein Kostüm doch ausmacht – ganz schön verrückt, oder?“

Pietro, der etwas andere Junge

…das Geheimnis des Waldes
oder wie man Freunde gewinnt…

Es war einmal ein kleiner Junge namens Pietro. Er war ein wenig schüchtern, aber besonders talentiert, voller Phantasie und sprühte fast über vor Ideen. Pietro lernte sehr schnell und malte gerne. Von seinen Schulkameraden wurde er nicht so angenommen, er war eben anders. Zudem hatte er keine Geschwister und seine Eltern hatten einfach zu wenig Zeit für ihn. So war er oft alleine und musste sich mit sich selbst beschäftigen.

So wie an jenem Tag, als er überlegte, was er denn unternehmen könnte. Pietro entschloss sich in den nahegelegenen Wald zu gehen. Er zog sich Stiefel und eine Jacke an und machte sich auf den Weg. Es war noch ein schöner sonniger Herbsttag, angenehm warm. Die Wiese über die er ging war noch grün und es roch nach Pilzen. Der Weg führte ihn weiter bis zum Waldrand. Pietro ging in den Wald hinein – es war schon etwas düster, und im ersten Moment war es ihm ein wenig unheimlich. Aber Angst hatte er nicht. Er blieb einen Moment stehen und lauschte den Geräuschen des Waldes. Es knisterte im Unterholz, ein Vogel rief: „Uhu, Uhu, Uhu!“ In der Ferne hämmerte ein Specht. Es roch nach Moos und nach Harz. Pietro war fasziniert von diesen Eindrücken. Er ging weiter.

Plötzlich stand ein Reh vor ihm. Er schaute ihm direkt in die Augen. Das Reh lief nicht weg – es war nicht scheu. Pietro war verblüfft – er nahm eine Baumfrucht vom Boden und hielt diese dem

Reh vor sein Maul. Das Reh schaute ihn an und sagte:„Vielen Dank, das ist sehr lieb von dir.“ Pietro dachte, dass er träumt. Doch es war kein Traum! Das Reh konnte sprechen! Er konnte sich mit ihm unterhalten. Das Reh sagte dann zu ihm: „Komm mit, ich zeige dir einen wunderschönen Platz hier im Wald, den kennen nur die Bewohner dieses Waldes.“ Pietro folgte dem Reh bis zu einer Lichtung – es war eine wunderschöne Wiese mit vielen bunten Blumen, die Sonne schien hell auf sie herab. Hier trafen sich alle Tiere des Waldes, Elfen, Feen und Baumgeister.

Pietro wurde herzlich begrüßt und von allen vertrauensvoll aufgenommen. Er konnte sich mit jedem von ihnen unterhalten und über Dinge sprechen, die ihn so bewegten. Es war ein ganz besonderes Erlebnis für ihn. Dann wurde es langsam dunkel. Pietro musste nach Hause. Das Reh begleitete ihn noch zurück bis zum Waldrand. Zum Abschied fragte Pietro: „Darf ich wiederkommen und euch besuchen?“ „Ja“, sagte das Reh, „jederzeit, aber verrate diesen Platz im Wald niemandem in der Menschenwelt! Es soll dein Geheimnis bleiben. Ich vertraue dir.“ Pietro bedankte sich und versprach dies ganz fest. In Gedanken versunken ging er den Weg nach Hause zurück. Er war recht müde und ging bald zu Bett. Über dieses unfassbare Erlebnis schlief er glücklich und tief und fest ein.

Von nun an ging Pietro immer öfter in den Wald zu seinen neuen Freunden. Hier fühlte er sich wohl, sie verstanden ihn. Er wurde von allen so akzeptiert, wie er war. Hier konnte er der sein, der er in Wirklichkeit war, und er war nicht mehr alleine. Das gab Pietro sehr viel Kraft und Energie. Und das Geheimnis, das er, nur er hüten durfte, das macht ihn heute noch so reich und glücklich...

Als das Leben wieder bunt wurde

… die Zeit ist ein Geschenk…

Es war einmal ein Mann, er fühlte sich noch recht jung – er stand in der Mitte seines Lebens. Er hatte viel gearbeitet, war sehr erfolgreich und hatte genügend Geld verdient. Er konnte sich alles kaufen. Doch manchmal war er sehr müde und irgendwie unzufrieden. Irgendetwas fehlte ihm. So machte er sich seine Gedanken über sein bisheriges Leben, und mit diesen Gedanken ging er zu Bett und schlief erschöpft ein. In dieser Nacht hatte er einen Traum. Er ging in einen Kaufladen in seinem Dorf, wo er wohnte, zum Einkaufen. Er sagte: „Ich hätte gern ein Riesenpaket voll mit Zeit!" Der Verkäufer war zunächst verwirrt und fragte nochmals nach: „Wie bitte – mit Zeit?" „Ja", sagte der Mann, „ich habe alles, aber mir fehlt es jeden Tag an Zeit." Der Verkäufer lachte und antwortete: „Ja, lieber guter Mann, die Zeit können Sie nicht kaufen – die müssen Sie sich einfach nehmen."

Der Mann träumte weiter, wie er sich daraufhin mit der „Zeit" unterhielt. Die „Zeit" bot ihm an mit ihr viel zu unternehmen. Und so machte er noch viele schöne Reisen in ferne Länder, lernte dabei viel über andere Völker und deren Kulturen. Er ging oft in die Natur und machte lange, ausgiebige Spaziergänge, meditierte, las Bücher, die ihn schon immer interessierten, malte, sang, machte Musik, und schrieb sogar ein eigenes Buch. So entdeckte er auch einige Talente in sich, die er vorher nicht kannte und die nun endlich zur Entfaltung kamen. Sein Leben war plötzlich so bunt, spannend und faszinierend. Er war überaus glücklich!

So wurde die „Zeit“ sein ständiger Wegbegleiter und guter Freund. Viele Jahre vergingen und der Mann genoss diese in vollen Zügen. Eines Tages sagte die „Zeit“ jedoch zu dem Mann: „Nun ist es an der Zeit, dass wir voneinander Abschied nehmen müssen.“ Der Mann erwiderte daraufhin ein wenig traurig: „Ach du liebe Zeit, ist denn unsere Zeit wirklich schon abgelaufen? Mir kommt es so vor, als wären wir uns erst gestern begegnet!“

Die „Zeit“ nickte bejahend, nahm den Mann in die Arme und sagte zum Abschied: „Alles Gute auf deinem weiteren Weg. Behalte unsere Zeit und deine Erlebnisse und Erfahrungen in guter Erinnerung.“ Der Mann bedankte sich für alles und ging seines Weges weiter...

Die „Zeit“ rief ihm noch nach: „Du kannst auch gerne wiederkommen – ich warte auf dich...“

Spät am Morgen erwachte der Mann aus diesem Traum, er konnte sich an alles genau erinnern. Er schaute auf die Uhr – sooo lange hatte er geschlafen! Und er sagte zu sich selbst: „Nun wird es aber endlich Zeit!“ Und er machte sich auf den Weg, um die

Zeit aufzusuchen, mit der er all die schönen Dinge erleben wollte, von denen er gerade noch geträumt hatte...

Der Baum

Der Baum der durch einen neuen Freund
wieder zu blühen begann…

Es war einmal ein Baum. Er stand auf einem Hügel. Der Baum war groß und wunderschön. Im Frühling eines jeden Jahres stand er in voller Blütenpracht. Er war stolz auf sich, gesund und glücklich. Er freute sich immer, wenn die Menschen sich unter ihm ausruhten, müde geworden von ihrem Spaziergang. Der Baum gab ihnen Schutz vor der Sonne und einen Platz der Ruhe. Auch eine große Schar von Vögeln ließ sich auf seinen Ästen nieder. Sie unterhielten sich gerne mit dem Baum und zwitscherten ihm oft schöne Lieder.

Ein kleiner Vogel, eine Schwalbe, verstand sich besonders gut mit dem Baum. Sie konnten sich über alles unterhalten, über alle Probleme und Dinge dieser Welt. Sie hatten sich sehr gern. Eine große Freundschaft entstand. Jedes Jahr, wenn es langsam kalt wurde, verabschiedete sich der kleine Vogel vom Freund dem Baum und flog in den warmen Süden.

Sobald der Winter vorbei war, machte er sich wieder auf die weite Reise und begrüßte zuerst den Baum. Dieser stand inzwischen schon in voller Blüte und freute sich sehnsüchtig auf seinen kleinen Freund. Sie verbrachten wieder eine herrliche Zeit miteinander. So ging dies viele Jahre. Eines Frühjahrs jedoch, wartete der Baum vergebens auf die kleine Schwalbe. Er hoffte jeden Tag, dass sie wohl doch noch kommen könnte, aber sie kam nicht. Der Baum war sehr traurig, so traurig, dass er krank wurde. Er wurde immer schwächer und verlor bald seine grünen Blätter.

Die Menschen suchten nicht mehr seine Nähe, da er keinen Schatten mehr spenden konnte. Die Vögel , die sich auf ihm niederließen, fragten, was denn los sei. Sie wollten ihn trösten und sangen ihm viele schöne Lieder. Aber der Baum war untröstlich, er trauerte weiter um seinen kleinen Freund. Er war unglücklich und fühlte sich sehr einsam.

Eines Tages ließ sich ein kleiner bunter Vogel auf dem Baum nieder. Zuerst nahm der Baum keine Notiz von ihm, doch dann fragte er ihn: „Warum schaust du so traurig, warum singst und pfeifst du nicht?".

Der Vogel horchte auf und klagte dann sein Leid. Er hatte auf dem weiten Weg vom Süden hierher seine Mutter verloren. Sie war krank und schwach und schaffte den anstrengenden Flug nicht mehr. Dann fragte der Vogel den Baum, warum er so wenig Blätter habe und so trostlos aussehe.

So erzählte der Baum seine Geschichte. Es tat ihm sehr gut, dass ihm jemand zuhörte. Sie trösteten sich gegenseitig und unterhielten sich auch noch über andere Dinge. Schon bald merkten sie, dass sie gar nicht mehr so traurig waren – ihre Lebensfreude kehrte wieder zurück. Sie beschlossen gemeinsam ihren Weg zu gehen und immer füreinander da zu sein. Der kleine bunte Vogel fand bald Anschluss in einer Vogelschar. Der Baum erholte sich und stand wieder in seiner vollen herrlichen Pracht. Die Menschen suchten wieder seine Nähe.

Der Baum freute sich und nahm sich vor, nie wieder so traurig zu sein.

Die Rose und das Geheimnis der Liebe

…wenn sich Herzenstüren öffnen…

Es war einmal ein Mann mittleren Alters. Er fühlte sich noch sehr jung und vital, obwohl er schon sehr viel erlebt hatte in seinem Leben. Auch gehörten dazu einige enttäuschende und schmerzliche Erfahrungen. Als seine letzte partnerschaftliche Beziehung in die Brüche ging, zog er sich immer mehr zurück. Es fiel ihm schwer sich für etwas Neues zu öffnen. Und so lebte er schon seit einigen Jahren alleine in seinem Haus mit einem sehr schönen Garten.

Es war in einer lauen Sommernacht, der Mann konnte auch wegen des hellen Mondlichtes keinen festen Schlaf finden. In dieser Nacht hatte er einen Traum, der sein Leben verändern sollte. Er träumte von einer wunderschönen Rose, deren Blüte besonders groß war – ein zartes roséfarbenes Licht umhüllte sie. Der Mann war fasziniert von der Schönheit der Rose. Er nahm ihren Blütenkopf vorsichtig in seine Hände und roch an ihr – sie duftete sehr angenehm und intensiv. Der Geruch war betörend und verzauberte ihn. Der Mann sagte: „Oh, dich möchte ich gerne haben!" Er wollte die Rose abschneiden. Doch da sagte die Rose: „Oh, bitte – nein, tue das nicht, bitte lass' mich leben." Der Mann war verblüfft, die Rose konnte ihn verstehen und sprechen!

So sprach die Rose weiter:

„Ich bin eine stolze Rose – welch spirituelle Bedeutung trage ich mit mir!
Die Farbe meiner Blütenblätter beeindruckt, der Blütenduft verzaubert dich! Doch Vorsicht! Ich trage Dornen mit mir!
Sich daran zu verletzen, kann sehr schmerzhaft sein – das sage ich dir. Hege und pflege mich, sprich mit mir, breche mich nicht und lass‘ mich leben – und ich werde immer eine stolze Rose sein – neben dir...“

Der Mann hörte ihr aufmerksam zu. Die Rose sagte zu ihm: „Wenn du mich leben lässt, dann verrate ich dir ein Geheimnis, wie du zu deinem Glück finden kannst. Der Mann überlegte und antwortete ihr: „Gut, jetzt bin ich neugierig geworden. Ich werde dich nicht brechen und bitte dich, mir das Geheimnis zu verraten."

Die Rose freute sich und sagte: „Du kannst immer zu mir kommen – wann immer du willst – du darfst mich, so wie du es vorhin schon getan hast, in deine Hände nehmen und meinen Duft ganz tief einatmen. Schließe dabei die Augen, fühle was der Duft mir dir macht – nimm ihn ganz tief in dir auf, und du wirst spüren, wie sich dein Herz öffnet und ganz weit wird... Und dann gehe in die

Stadt – umgebe dich mit Menschen, und du wirst sehen, was dann geschieht.“

Der Mann folgte dem Rat der wundersamen und geheimnisvollen Rose. Immer wieder ging er zu ihr hin, sprach mit ihr und nahm ihren Duft in sich auf. Schon bald merkte er, dass viele Menschen auf ihn zugingen, sich ihm anvertrauten. Er spürte, dass er auch anderer Menschen Herzenstüren öffnen konnte. Dazu gehörte auch eine Frau, die er durch Zufall in der Stadt kennengelernt hatte. Sie verstanden sich auf Anhieb sehr gut. Sie achteten sich und gingen sehr liebevoll miteinander um.

Von dieser Begegnung erzählte der Mann auch der Rose. Diese nickte leicht und sagte weise: „Ich denke, du weißt nun, wie das Zauberwort lautet. Es heißt – Liebe – die wahre Liebe. Alles was du in Liebe tust, wird dir gelingen.“ Dabei war die Rose wieder von diesem zarten roséfarbenen Licht umhüllt.

Mit diesen Worten noch im Ohr erwachte der Mann aus seinem Traum. Mit dem angenehmen Gefühl, dem intensiven Duft in Erinnerung und in das roséfarbene Licht eingehüllt, machte er sich auf den Weg in die Stadt... Und wie es der Zufall wollte, lernte er an diesem Tag eine interessante Frau kennen. Sie verliebten sich und verbrachten eine schöne und liebevolle Zeit miteinander...

Der Zauberer

… im Zauberhaus,
wo Träume Wirklichkeit werden können…

Eines Nachts wurde ich wach und eine Stimme flüsterte mir leise ins Ohr: „Du wirst ein Zauberer." Und ich sagte: „Wie bitte, ich soll ein Zauberer werden?"

„Ja!", sagte die Stimme. Und ich fragte weiter: „Aber wie soll ich das machen?" Die Stimme gab mir zur Antwort: „Ich stelle dir alles zur Verfügung was du brauchst. Komm mit, und ich zeige es dir."

Ich war neugierig und ließ mich darauf ein... Zunächst kamen wir auf eine Wiese mit vielen bunten Blumen.

Auf dieser Wiese stand ein Tisch und ein Stuhl. Auf dem Tisch stand ein Glas, gefüllt mit einer Flüssigkeit, die ständig sprudelte. Auf dem Glas stand geschrieben: Mut und Energie. „Trink", sagte die Stimme „es wird dir gut tun". Ich trank aus diesem Glas. Es schmeckte nach frischer Zitrone. Doch siehe da, ich trank und trank – und ich nahm noch einen großen Schluck, doch das Glas wurde nicht leer! Es war ein Zauberglas! Viele Schmetterlinge tanzten um mich herum und sagten zu mir, ich solle ihnen folgen. Sie führten mich zu einem wunderschönen Haus. Hier sollte ich wohnen, in meinem Zauberhaus. Ich ging hinein.

Das Haus ist hell und leuchtet in warmen gelben, apricot und orangefarbenen Tönen. Alles ist aus Holz. Es gibt sehr viele schöne Bilder an den Wänden, überall Pflanzen – es riecht nach Weihrauch und Sandelholz. Ein ständiger sanfter Gesang und Klangspiele sind zu hören – die durch den leichten stetigen Wind in Bewegung gesetzt werden. Es ist bezaubernd – verzaubernd...

Die Stimme führte mich in einen besonderen Raum – dies sollte mein Zauberraum werden. Sie sagte zu mir: „Dort auf dem Stuhl hängt ein Gewand und liegt ein Zauberstab. Bevor Menschen zu dir kommen und Hilfe von dir benötigen, ziehe dir dieses Gewand an, es gibt dir Schutz, Kraft und Magie."

Mir wurde klar, was dies bedeutete. Ich sagte: „Das soll ich wirklich tun?" „Ja", sagte die Stimme, „aber nur mit guten Gedanken und von Herzen. Sonst verliert der Mantel und der Stab seine Zauberkraft." Ich versprach: „Gut, so will ich dies denn tun."

Und so kamen viele Menschen zu mir – in mein Zauberhaus. Ich zauberte aus den schlechten Dingen und Gewohnheiten gute.

Die Menschen waren erleichtert und glücklich und kamen immer wieder zu mir, wenn sie ein Problem hatten.

Manche haben auch Angst vor mir, sind misstrauisch und neidvoll. Das macht mich manchmal auch sehr einsam.

Aber dann gehe ich in meinen Zauberwald, er ist gleich hinter dem Haus. Dort wohnen alle meine Helfer, Elfen, Feen und Baumgeister. Wenn ich mal nicht weiter weiß, frage ich sie um Rat. Sie sind immer für mich da.

In dem Wald ist auch ein See – dort gehe ich oft hin, um zu baden – hole mir aus seinen Quellen ganz viel Kraft und Energie. Diese brauche ich, um den Menschen wieder helfen zu können. Kinder kommen am liebsten zu mir – sie lassen sich gerne verzaubern – sie haben keine Angst vor mir.

Jeder, der mal in meinem Zauberhaus gewesen ist, möchte immer wieder gerne dorthin kommen. Es ist eben ein ganz besonderes Haus – in ihm möchte so manch einer gerne wohnen...

Ich lebe nun schon seit vielen Jahren in diesem besonderen Haus, in dem Träume und Zauberei Wirklichkeit werden können...

Der Schamane

…und die Begegnung mit einer alten weisen Frau…

Es war einmal ein alter Schamane. Er lebte mit seinem Volk am Fuße eines hohen Gebirges, weit ab von der nächsten Stadt und noch im Einklang mit der Natur. Die Einwohner des kleinen Dorfes hatten ihn auserwählt, das alte medizinische Wissen der Ahnen weiter zu tragen. Der Schamane war eingeweiht in die geheimen Rezepturen und Rituale. Schon sein Großvater war dafür berufen. Oft tanzte er bis in die Nacht um das Lagerfeuer herum, vor allem wenn er eine Inspiration für eine Rezeptur für eine bestimmte Person in seinem Dorf brauchte.

Er tanzte sich in Trance – dann war sein Geist frei, und er fand immer die richtigen Heilpflanzen für seine Rezeptur. Sein treuer Freund, ein ausgewachsener Adler, war bei diesen Ritualen immer an seiner Seite. Wenn der Schamane alle Heilpflanzen zusammengestellt hatte, beauftragte er den Adler sich auf den Flug in die Berge zu begeben, um ihm von dort die Pflanzen und Kräuter zu sammeln und zu ihm zu bringen. In den Bergen kannte sich der Adler sehr gut aus, denn dort ist eigentlich seine Heimat. Als kleiner hilfloser Vogel fand ihn damals dort der Schamane. Dieser nahm ihn mit ins Dorf, pflegte ihn und zog ihn groß.

Dem Adler und seinem scharfen Blick entging nichts. Er hatte bisher alle Heilpflanzen gefunden, die der Schamane brauchte. Diesmal benötigte der alte Medizinmann eine Rezeptur für ein kleines Mädchen, das sehr krank war. Es hatte eine entzündete Wunde am Bein und hohes Fieber. Es ging ihr gar nicht gut. Alle machten sich große Sorgen um sie.

Der Schamane tanzte um das Lagerfeuer wie gehabt – nur diesmal fand er einfach nicht die richtige Rezeptur. Er bat seinen höheren Geist ihm zu helfen, und er tanzte und tanzte bis er in tiefster Trance war. Dann setzte er sich neben den Adler an das Lagerfeuer und wartete.

In diesem Moment kam eine alte Frau des Weges daher und blieb bei dem Schamanen stehen. Sie unterhielten sich miteinander. Die alte weise Frau wollte noch ein letztes Mal ihren Sohn in den Bergen besuchen...

Der Schamane erzählte ihr von seinem Problem. Daraufhin holte die Frau eine Kugel aus ihrem Korb und sprach zu dem Schamanen: „Hier, nimm diese Kristallkugel, sie kann dir weiterhelfen. Ich brauche Sie nicht mehr. Es ist eine ganz besondere Kugel- sie ist sehr weise und besitzt ein enorm großes Wissen. Es ist eine Zauberkugel!" Die alte Frau überreichte ihm die Kugel und sagte dabei: „Gehe sehr achtsam mit ihr um, und sie wird dir all deine Fragen beantworten, wenn du in sie hineinschaust. Du wirst sehen..."

Der Schamane dankte der alten Frau und verabschiedete sich von ihr. Er schaute ihr noch lange nach, bis sie hinter einem Hügel, wo gerade die Sonne aufging, verschwand. Noch voller Ehrfurcht über diese Begegnung und der Kugel in der Hand, ging er zurück ans Lagerfeuer. Der Medizinmann stellte die Kugel vor sich hin – sie war recht groß und schwer und aus reinstem klarem Kristall. Er schaute in sie hinein, so wie es ihm die alte Frau gesagt hatte. Er bat um Hilfe. Und dann sah er Pflanzen, die er bisher, bei all seinem großen Wissen, noch nicht kannte. Und er sah diese Pflanzen in ihrer vollen Schönheit. Es war faszinierend!

Der Schamane rief seinen Freund den Adler herbei und bat ihn in die Berge zu fliegen, um diese speziellen Heilkräuter zu finden. Es war Eile geboten, denn dem Mädchen ging es immer schlechter. Das Fieber war weiter gestiegen. So wartete der Schamane auf die Rückkehr des Adlers. Die Zeit kam ihm unendlich lange vor, doch schon nach ein paar Stunden war der Adler wieder zurück. Und er hatte wieder alle Kräuter und Heilpflanzen gefunden! So bereitete der Schamane die Rezeptur zu einer Medizin zu und gab sie dem kleinen Mädchen.

Schon am nächsten Tag hatte das Kind das Schlimmste überstanden. Das Fieber war gesunken, und die Wunde begann zu heilen. Der Schamane dankte dafür all seinen Helfern, und vor allem dankte er für die Begegnung mit der alten weisen Frau...

Der Kuchen des Lebens

…wie aus einem Traum Wirklichkeit wird…

Es war einmal eine junge Frau. Sie war recht hübsch, hatte ein schönes Zuhause und beruflich hatte sie auch gut zu tun. Im Grunde konnte sie sehr zufrieden sein. Doch irgendetwas fehlte ihr... Sie kochte und schlemmte sehr gerne. Doch wenn sie aufgegessen hatte, war sie immer noch hungrig. Sie aß noch etwas und noch etwas, doch – sie hatte immer noch Hunger! Aber die junge Frau wusste nicht worauf! So aß sie mehr und mehr und wurde dabei immer dicker. Sie war darüber sehr unglücklich und wurde zunehmend unzufriedener. Bald ging es ihr gesundheitlich gar nicht mehr gut.

Man empfahl ihr einen ganz besonderen Therapeuten. Dieser wurde auch der Magier genannt. Als die junge Frau zu diesem Mann kam, war sie etwas verblüfft. Er sprach mit ihr eine ganze Weile, und zum Abschied gab er ihr dann einen Kuchen mit. Die junge Frau schaute ihn verdutzt an und sagte: „Aber was soll ich denn mit dem Kuchen – ich bin doch sowieso schon so dick!?“ Der Magier erklärte ihr: „Das ist ein ganz besonderer Kuchen – ein Zauberkuchen und voller Lebendigkeit...“ Sie solle jeden Tag nur ein kleines Stückchen davon abschneiden, sich dann ganz entspannt in einen Sessel setzen und die Augen schließen. Dabei sollte sie das kleine Stückchen des Kuchens auf der Zunge zergehen lassen. Es würde nicht lange dauern und die junge Frau würde in eine andere Welt versetzt werden und ihr dabei helfen den unsagbaren Hunger zu stillen.

Sie war etwas skeptisch, nahm den Kuchen und ging nach Hause. Sie stellte den besonderen Kuchen auf ihren Tisch und betrachtete ihn genau. Er sah sehr gut aus. Die junge Frau beschloss ihn zu kosten – so wie es ihr der Magier erklärt hatte. Sie lehnte sich gemütlich in ihrem Sessel zurück, schloss die Augen, und dann geschah etwas ganz Außergewöhnliches. Sie war in einer anderen Welt. Sie sah alles genau vor sich – sie war am Meer, die Sonne schien – der Himmel und das Meer waren von einem intensiven Blau. Die Möwen kreisten über dem Wasser, und es roch nach Jasmin und Oleander.

Die junge Frau war umgeben von vielen netten Leuten, es wurde getanzt und gefeiert. Es herrschte Fröhlichkeit und Ausgelassenheit. Das Haus am Meer, in dem sie wohnte, strahlte eine sehr behagliche Wärme aus. Es war liebevoll und farbenfroh eingerichtet. Auch ein Mann war dort, der sie herzlich in den Arm nahm. Die junge Frau fühlte sich glücklich und geborgen in diesem Haus. Um das Haus herum war ein schöner Garten – er war wie eine Oase. Die junge Frau konnte alles sehen, hören, riechen und fühlen... Dann ging die Sonne unter, es wurde langsam dunkel... Und die Frau wurde wieder in ihrem Sessel wach. Sie überlegte: „War dies nun ein Traum oder Wirklichkeit?“ Sie schaute sich um und stellte fest, dass sie in ihrer gewohnten Umgebung war...

Zunächst war sie ein wenig enttäuscht, aber diese Reise in die Traumwelt hatte ihr so gut getan, dass sie beschloss, dies nun jeden Tag zu tun und von dem besonderen Kuchen zu essen. Vor allem merkte die junge Frau, dass sie nach dieser Reise in die andere Welt keinen Hunger mehr hatte! Sie freute sich schon auf das nächste Stück von diesem besonderen Zauberkuchen... Es war phantastisch, was die junge Frau dabei alles erleben durfte. Dieser Kuchen hatte es in sich – er hatte etwas Magisches. Die junge Frau hatte immer weniger Hunger und wurde dabei schlanker und schlanker. Sie fühlte sich rundherum wohl, und sie war von einer inneren Zufriedenheit erfüllt. Sie wurde immer selbstbewusster und auch beruflich erfolgreicher. Die Kollegen beneideten sie... Zudem lernte die junge Frau einen sehr netten Mann kennen, mit dem sie übrigens heute in dem schönen Haus am Meer zusammenlebt...

Die Reise im Heissluftballon

Traum oder Wirklichkeit?
Nur ein Traum… zum Verwirklichen…

Eines Tages träumte ich, ich müsse eine Mutprobe bestehen – ich sollte eine Reise in einem Heißluftballon machen. Ich! Wo ich doch solche Angst hatte, vor dem Fliegen und vor Enge... Unvorstellbar!

Dennoch träumte ich, dass ich es tat. Ich durfte mir jedoch jemanden mitnehmen, eine vertraute Person oder ein Tier. Ich entschied mich für meine beiden inneren Helfer – meine Blumenelfe und eine weiße Taube.

Und dann stand der große Tag bevor. Die Mutprobe!

Ich war fürchterlich aufgeregt – meine Blumenfee und die Taube beruhigten mich. Dann kam der Mann, der den Ballon fahren sollte. Ich schaute ihn mir genau an – ich hatte sofort Vertrauen zu ihm.

Dann entfachte die Flamme im Ballon, und wir hoben langsam von der Erde ab. Zuerst machte ich meine Augen zu... Doch meine Blumenelfe war so begeistert von der schönen Landschaft, die sich unter uns auftat... Sie erzählte so fasziniert von dem Gefühl des Schwebens, dass ich neugierig wurde. Ich öffnete vorsichtig meine Augen – und tatsächlich – eine wunderschöne Landschaft, grüne Wiesen und Wälder, Berge und Seen, die Menschen ganz klein...

Ein berauschendes Gefühl – wir schwebten zwischen Himmel und Erde. Die Luft war mild und angenehm. Es roch nach Glück und Freiheit.

Frei, wie ein Vogel...

Losgelöst von Zeit und Raum. Ein unglaubliches Gefühl, und ich genoss es in vollen Zügen. Ich nahm dieses wunderbare Gefühl ganz intensiv in mir auf... Dann bereitete der Ballonfahrer den Ballon wieder auf die Landung vor. Alles klappte bestens. Wir setzten wieder langsam und sanft auf der schönen grünen Wiese auf.

Die Natur um mich herum empfand ich noch viel schöner und grüner, als jemals zuvor! Und all dies durfte ich erleben! Ein großes Gefühl der Ehrfurcht und Dankbarkeit kam in mir hoch. Das war eine tolle und unvergessliche Reise. So ging ich zufrieden mit meiner Elfe an der Hand und der weißen Taube auf meiner Schulter nach Hause...

Die Vögel zwitscherten – es war am frühen Morgen. Ich schaue auf die Uhr – ich hatte verschlafen. Aber dafür hatte ich ja diesen wunderschönen Traum von der Reise im Ballon.

Einen Moment überlegte ich – war das jetzt Wahrheit oder war das Traum? Nur ein Traum... Aber ich werde ihn verwirklichen...

Eines Tages träumte ich, ich müsse eine Mutprobe bestehen – ich sollte eine Reise in einem Heißluftballon machen. Ich! Wo ich doch solche Angst hatte, vor dem Fliegen und vor Enge... Unvorstellbar!

Dennoch träumte ich, dass ich es tat. Ich durfte mir jedoch jemanden mitnehmen, eine vertraute Person oder ein Tier. Ich entschied mich für meine beiden inneren Helfer – meine Blumenelfe und eine weiße Taube.

Und dann stand der große Tag bevor. Die Mutprobe!

Ich war fürchterlich aufgeregt – meine Blumenfee und die Taube beruhigten mich. Dann kam der Mann, der den Ballon fahren sollte. Ich schaute ihn mir genau an – ich hatte sofort Vertrauen zu ihm.

Dann entfachte die Flamme im Ballon, und wir hoben langsam von der Erde ab. Zuerst machte ich meine Augen zu... Doch meine Blumenelfe war so begeistert von der schönen Landschaft, die sich unter uns auftat... Sie erzählte so fasziniert von dem Gefühl des Schwebens, dass ich neugierig wurde. Ich öffnete vorsichtig meine Augen – und tatsächlich – eine wunderschöne Landschaft, grüne Wiesen und Wälder, Berge und Seen, die Menschen ganz klein...

Ein berauschendes Gefühl – wir schwebten zwischen Himmel und Erde. Die Luft war mild und angenehm. Es roch nach Glück und Freiheit.

Die Reise im Heissluftballon

Traum oder Wirklichkeit?
Nur ein Traum… zum Verwirklichen…

Frei, wie ein Vogel...

Losgelöst von Zeit und Raum. Ein unglaubliches Gefühl, und ich genoss es in vollen Zügen. Ich nahm dieses wunderbare Gefühl ganz intensiv in mir auf... Dann bereitete der Ballonfahrer den Ballon wieder auf die Landung vor. Alles klappte bestens. Wir setzten wieder langsam und sanft auf der schönen grünen Wiese auf.

Die Natur um mich herum empfand ich noch viel schöner und grüner, als jemals zuvor! Und all dies durfte ich erleben! Ein großes Gefühl der Ehrfurcht und Dankbarkeit kam in mir hoch. Das war eine tolle und unvergessliche Reise. So ging ich zufrieden mit meiner Elfe an der Hand und der weißen Taube auf meiner Schulter nach Hause...

Die Vögel zwitscherten – es war am frühen Morgen. Ich schaue auf die Uhr – ich hatte verschlafen. Aber dafür hatte ich ja diesen wunderschönen Traum von der Reise im Ballon.

Einen Moment überlegte ich – war das jetzt Wahrheit oder war das Traum? Nur ein Traum... Aber ich werde ihn verwirklichen...

Christine Zink wurde 1963 in Gießen geboren. Ihre Kindheit verbrachte sie in einem kleinen Dorf in Mittelhessen, die schulische Ausbildung beendete sie mit dem Abitur.

Ihr Wunsch war es Kunst zu studieren – doch andere Wege waren für sie bestimmt. So kam es, dass Christine Zink den Weg in die Naturheilkunde fand. Sie hat mehrere Fort- und Ausbildungen in diesem Bereich durchlaufen. In den letzten vier Jahren hat sie eine intensive medizinische Hypnosetherapie-Ausbildung für Erwachsene, aber auch speziell für Kinder und Jugendliche absolviert. Hierbei kann sie ihre eigenen Kurzgeschichten als Metaphern einfließen lassen. Diese enthalten eine Botschaft, die auch eine Heilkraft bewirken können.

Ihr Ziel ist es, Medizin und Kreativität miteinander zu verknüpfen.

Wenn Sie mehr wissen möchten: www.Christine-Zink.de